BEI GRIN MACHT SICH IHR WISSEN BEZAHLT

- Wir veröffentlichen Ihre Hausarbeit,
  Bachelor- und Masterarbeit

- Ihr eigenes eBook und Buch -
  weltweit in allen wichtigen Shops

- Verdienen Sie an jedem Verkauf

Jetzt bei www.GRIN.com hochladen und kostenlos publizieren

Case- und Caremanagement. Messung und Bewertung der Strukturqualität anhand eines Fallbeispiels

Bibliografische Information der Deutschen Nationalbibliothek:

Die Deutsche Nationalbibliothek verzeichnet diese Publikation in der Deutschen Nationalbibliografie; detaillierte bibliografische Daten sind im Internet über http://dnb.d-nb.de abrufbar.

ISBN: 9783389004197
Dieses Buch ist auch als E-Book erhältlich.

© GRIN Publishing GmbH
Trappentreustraße 1
80339 München

Druck und Bindung: Books on Demand GmbH, Norderstedt Germany
Gedruckt auf säurefreiem Papier aus verantwortungsvollen Quellen

Das Buch bei GRIN: https://www.grin.com/document/1448803

EINSENDEAUFGABEN

Alternative B

SRH Fernhochschule

Modul:
Case- und Caremanagement

Studiengang:
Soziale Arbeit B.A.

Inhaltsverzeichnis

1. Struktur-, Prozess- und Ergebnisqualität im Qualitätsmanagement 3

   1.1. Definition und Relevanz von Qualitätsmanagement im Sozialwesen 3

   1.2. Strukturqualität 4

   1.3. Prozessqualität 5

   1.4. Ergebnisqualität 7

   1.5. Zusammenhänge zwischen Struktur-, Prozess- und Ergebnisqualität 8

2. Aufgaben von Case Managern 8

   2.1. Kontaktaufnahme und Intake 8

   2.2. Assessment 10

   2.3. Zielvereinbarung und Serviceplanung 11

   2.4. Durchführung und Linking 12

   2.5. Monitoring und Re-Assessment 13

   2.6. Evaluation und Abschluss 15

3. Neoliberalismus und Casemanagement 16

   3.1. Casemanagement im Wandel 17

   3.2. Casemanagement im Neoliberalismus 18

Literaturverzeichnis 20

1. Struktur-, Prozess- und Ergebnisqualität im Qualitätsmanagement

„Zunehmender Kostendruck im Gesundheits- und Sozialwesen bringt die Notwendigkeit mit sich, nach neuen Methoden zu suchen, die auf der einen Seite den Arbeitsprozess effizienter gestalten und auf der anderen Seite dennoch qualitativ hochwertige Dienstleistungen gewährleisten. Immer häufiger taucht in diesem Zusammenhang der Begriff des Case Managements auf." (Dr. Krisch & Prof. Dr. Voig, 2022, S. 6). Das Casemanagement wird ein immer wichtigerer Teilbereich in den diversen Gebieten der Sozialen Arbeit und hat sich als eigenständiger Aufgabenbereich in das Sozial-, und Gesundheitswesen etablieren können.

1.1. Definition und Relevanz von Qualitätsmanagement im Sozialwesen

Qualität leitet sich vom lateinischen Wort „qualitas" ab und lässt sich mit den Eigenschaften „Güte" oder „Wert" übersetzen. Die Erklärungen für den Begriff Qualität sind sehr vielfältig und lassen somit schwer in einer Definition zusammenfassen. Die vielen Missverständnisse und Qualitätsdiskussionen machen deutlich, dass es bis heute nicht möglich war ein allgemein akzeptiertes Qualitätsverständnis herzustellen (Bruhn, 2020, S. 32). Qualitätsforderung steht, im Kontext des Sozialwesens, für die Gesamtheit der betrachteten Einzelforderungen an denen sich die Beschaffenheit einer Einheit in der betrachteten Konkretisierungsstufe der Einzelforderungen einordnen lässt. „Beschaffenheit" umschreibt hierbei die Gesamtheit der Merkmale und Merkmalswerte einer Einheit." (Geiger, 2013, S. 346).

Durch die Veränderung der Gesellschaft hin zur Individualisierung und durch die Zunahme komplexer Lebenssituationen wurde eine neue Perspektive entwickelt, die die Klienten bestmöglich bei der Bewältigung ihres Alltags helfen soll (Egger, 2008, S. 43). Ebenso wie bei jeder anderen öffentlich finanzierten Leistung muss sich das Casemanagement für den Einsatz von Mitteln und Personal rechtfertigen. Es gilt darüber hinaus die besondere Forderung, dass die zur Verfügung gestellten Mittel, die in die selektierten Fälle investiert werden Anklang finden. Deshalb muss deren Berechtigung und Wirkung nachgewiesen werden. Um der Rechenschaftslegung nachzukommen, die sowohl auf den Nachweis von Qualität, als auch auf das Erreichen von Ergebnissen abzielt lässt sich Case Management in die folgenden Qualitätsdimensionen, die von Avedis Donabedian entwickelt wurden, einteilen (Monzer 2013, S. 315)

1.2. Strukturqualität

„Über die Strukturqualität werden die organisatorischen, personellen, baulichen und technischen Rahmenbedingungen beschreiben. Es sind vor allem die fallübergreifenden Ausstattungsmerkmale, deren Beitrag für die Erbringung der Kernprozesse interessiert. Im Case Management wird hier vor allem die Vernetztheit mit ihren Kooperationsmöglichkeiten bewertet." (Monzer, 2013, S. 316)

Strukturqualität bezieht sich die organisatorischen und materiellen Rahmenbedingungen, die die Versorgung beeinflussen. Dies umfasst die Verfügbarkeit von Ressourcen, Qualifikationen des Personals, Einrichtungen und technische Ausstattung. Im Fall des Case Managements umfasst die Strukturqualität beispielsweise die Netzwerkkompetenz, Zeitbudges, geeignete Informations- und Kommunikationstechnologie, Finanzierungskonzepte und Warte-/ Reaktionszeiten, Dokumentation (Monzer, 2013, S. 316).

Anhand der Bewertungsindikatoren Personalausstattung, therapeutische Ausstattung, Behandlungsplätze und besondere Verfahren kann Strukturqualität gemessen werden. Demnach lässt sich die Messbarkeit durch die Anzahl und die Qualifikationen der Teammitglieder, sowie durch die Verfügbarkeit von Ressourcen und der technischen Infrastruktur prüfen. Außerdem gibt es gewisse Struktursanart die die Voraussetzung zum Erreichen der Qualität bestimmen. (Reibnitz, 2009, S.94-95). Auf diese wird nun, anhand eines Fallbeispiels, genauer eingegangen.

Fallbeispiel:

Anna ist 12 Jahre alt und in der Schule schon öfter durch ihr aggressives Verhalten auffällig geworden. Außerdem hat ihre schulische Leistung stark abgenommen und sie ist versetzungsgefährdet. Als sie auch im Winter noch mit einem T-Shirt und ohne Essen in die Schule kommt lädt die Lehrerin Annas Mutter, Frau Rein, zu einem Lehrergespräch ein. Bei dem Lehrergespräch stellt sich heraus, dass die Mutter aufgrund chronischer Schmerzen in Frührente gehen musste. Sie schafft es nun nicht mehr den Alltag zu bewältigen und fühlt sich mit Anna sehr überfordert. Anna leidet ebenfalls sehr stark unter der Situation. Sie ist sehr gereizt und klagt über Konzentrationsverlust. Außerdem erzählt das Mädchen, dass sie am liebsten Zeit in der Natur verbringt, denn dort kann sie sich entspannen und hat eine Rückzugsmöglichkeit.

Nach einem Hilfeplangespräch mit Frau Meier vom Jugendamt wird klar, dass für Anna eine Tagesgruppe in Frage kommt. „Es soll die Entwicklung des Kindes oder des Jugendlichen durch soziales Lernen in der Gruppe, Begleitung der schulischen Förderung und Elternarbeit unterstützen und dadurch den Verbleib des Kindes oder des Jugendlichen in seiner Familie sichern" § 32 Abs. 1 SGB VIII.

Nun macht sich Frau Meier unter folgenden Fragen, auf die Suche nach einer geeigneten Einrichtung. Wie viele Mitarbeiter mit welcher Qualifikation hat die Einrichtung? Kann Anna nach der Schule alleine mit dem Bus dorthin fahren? (Infrastruktur) Hat Anna eine Rückzugsmöglichkeit um sich zu entspannen? Gibt es einen geeigneten Ort um zu lernen und Hausaufgaben zu machen? Kann sie dort zu Mittag essen? (Ausstattung) Bietet die Einrichtung Freizeitaktivitäten, wie Erlebnispädagogik, an um Anna einen Ausgleich zu bieten? (Sonderleistungen). Für Frau Rein sucht Frau Meier unter denselben Indikatoren eine Beratungsstelle für Sozialpsychiatrische Dienste.

1.3 Prozessqualität

„Die Prozessqualität richtet ihr Augenmerk auf die Angemessenheit des Ressourceneinsatzes, auf die Einhaltung von Vereinbarungen [...], auf prozedurale Gerechtigkeit und angemessene Kooperation mit formellen und informellen Anbietern, sowie auf die Fachlichkeit und Transparenz des Vorgehens" (Monzer, 2013, S. 315).

Daraus lässt sich schließen, dass es sich bei der Prozessqualität um die Ablaufqualität und die Zusammenarbeit aller Verfahrensbeteiligten handelt (Monzer, 2013, S. 316). Im Vergleich dazu unterscheidet Reibnitz (2009) die Prozessqualität, im Hinblick auf die Pflege, in vier Kategorien. Die erste Kategorie ist die Wirtschaftlichkeit mit den Indikatoren Auslastung/Belegung, Ressourcenverbrauch (Überstunden, Material), Controlling, Teilbudgets, Telefonkosten, Entsorgungskosten, sowie Wasser/- Stromverbrauch. Als zweiten Faktor nennt er das Klientel mit den Indikatoren Komplikationen pro Untersuchung, Patientenzufriedenheitsindex (Befragung), Zahl der Beschwerden, Fehlerhäufigkeit, Leistungsdaten z.B. Auslastung OP und Wartezeiten. Die dritte Kategorie bezieht sich auf die Mitarbeiter und die Anzahl der Weiterbildungen, der Fehlzeiten, der Unfallzahlen und der Fluktuation. Als letztes Merkmal zur Überprüfung der Prozessqualität nennt er die Verwaltungsarbeit mit

Rechnerverfügbarkeit, Anzahl offener Vorgänge, Bearbeitungszeit und Reisekosten (Reibnitz, 2009, S. 94).

Diese Kategorien lassen sich auch gut auf andere Bereiche der Sozialen Arbeit übertragen. Im Bereich der Jugendhilfe könnte man bei der zweiten Kategorie statt Komplikationen pro Untersuchung beispielsweise Komplikationen während des Hilfeprozesses als Merkmal angeben.

Um jedoch eine genaue Überprüfung der Qualität des Hilfeprozesses zu erhalten gibt es, nach Reibnitz (2009), die Standards der Beschreibung und die Durchführung der tatsächlichen Behandlung, sowie Art und Weise der Durchführung mit Zielen und Anforderungen an das Verhalten der Mitarbeiter (Verhaltensstandards) (S. 95).

In der Fortsetzung des Fallbeispiels wird nun eine Transferleistung der genannten Punkte in den Jugendhilfesektor vorgenommen.

Fallbeispiel:

Zuerst führt Frau Meier mit der Familie eine Bedarfsanalyse durch in der die individuellen Bedürfnisse, Ressourcen und Probleme analysiert werden. Nachdem sich Anna und Frau Rein für eine Tagesgruppe entscheiden haben kommt es nun zu einem weiteren Hilfeplangespräch mit Frau Meier, der Familie, den Pädagogen der Einrichtung und der Schulsozialarbeiterin. Bei dem Hilfeplangespräch werden gemeinsam mit allen Beteiligten konkrete Fein-, Teil-, und Hauptziele festgelegt und sonstige Maßnahmen besprochen, um die Bedürfnisse der Familie bestmöglich zu erfüllen und die Herausforderungen anzugehen. Hierfür halten sich Frau Meier und die Pädagogen an das SMART-Modell. Außerdem erstellt Frau Meier eine Kostenkalkulation und überprüft nochmals ob die angebotene Maßnahme die geeignete und notwendige Hilfe ist.

Das SMART-Modell gibt an wie Ziele formuliert werden sollten um erfolgreich angewandt werden zu können. Die Ziele sollten „Spezifisch-konkret: klar und eindeutig, messbar: möglichst mit Kriterien versehen, akzeptabel: attraktiv und motivierend, realistisch: erreichbar sowie terminiert: zeitlich eingegrenzt" sein (Klein & Mennemann 2023, S. 87–88). Dies gibt dem Hilfeprozess eine klare Strukturierung und Übersicht. So kann sich die Familie besser auf das Angebot einlassen, da sie klar definierte Ziele haben die realistisch zu erreichen sind. Dadurch wirkt die Hilfe weniger bedrohlich und motiviert die Familie zur Veränderung und Erreichung der Ziele.

1.4. Ergebnisqualität

„Mit der Ergebnisqualität wird überprüft, ob gesetzte Standards, Messgrößen oder Ziele erreicht wurden und angemessen sind. Das Ergebnis, macht Aussagen darüber, ob des Erreichens eines erwarteten, vorab bestimmten Wertes, Zustands oder Anspruch erfolgreich war oder nicht. [...]" (Monzer, 2013, S. 315).

Demnach bezieht sich Ergebnisqualität auf die Zielerreichung und die Effekte der Hilfemaßnahme. Es geht hierbei um den Abbau von Problemlagen und Ressourcenförderung, sowie um eine positive Veränderung der Lebensqualität und die Klientenzufriedenheit. Auch das Image bzw. die Außenwirkung der Einrichtung sind Indikatoren für die Ergebnisqualität (Monzer, 2013, S. 316)

Ergebnisqualität ist eine Abgleichung des Ist/Soll Zustands und kann nur indirekt über die Struktur- und Prozessqualität beeinflusst werden. Sie bezieht sich auf den objektiv messbaren ‚Output' oder die subjektiv beobachtbare Zufriedenheit. Durch Evaluationsverfahren in denen die Erreichung der formulierten Ziele und der Entlastungsstatus überprüft werden kann Ergebnisqualität messbar gemacht werden (Reibnitz, 2009, S. 94).

Monzer nennt außerdem noch die Punkte Höhe der Einsparung, Reduktion der Wiederaufnahme und Zunahme der Klientenzufriedenheit um die Ergebnisqualität messbar zu machen (Monzer, 2013, S. 315).

Fallbeispiel:

Nach mehreren Monaten intensiver Unterstützung durch das Case- und Caremanagement Netzwerk wird ein weiteres Hilfeplangespräch durchgeführt. Hier zeigen sowohl Anna signifikante Fortschritte in verschiedenen Lebensbereichen. Sie hat ihre schulischen Leistungen verbessert, Konfliktfähigkeiten entwickelt und eine stabilere emotionale Gesundheit erreicht. Frau Rein erscheint regelmäßig zu den angebotenen Terminen der psychosozialen Beratungsstelle und hat, bei einem gemeinsamen Treffen mit Frau Meier, einen Antrag für einen Platz in einer Schmerzklinik ausgefüllt und abgeschickt.

Durch diese gezielten Interventionen konnten Annas negative Verhaltensmuster reduziert werden und gleichzeitig wurden ihre individuellen Ressourcen und Stärken gefördert, um ihre Bewältigungsfähigkeiten zu stärken. Anna zeigt eine gesteigerte Lebensqualität und berichtet von einem verbesserten Selbstwertgefühl, sowie einer größeren Lebenszufriedenheit. Sie fühlt sich besser in der Schule integriert und hat ein größeres soziales Netzwerk aufgebaut, was zu einem gesteigerten Wohlbefinden beiträgt. Die effektive Unterstützung der Familie wird von anderen Jugendlichen und ihren Familien wahrgenommen, was das Vertrauen in die Einrichtung stärkt und ihre Glaubwürdigkeit erhöht. Außerdem wurden durch die erfolgreiche Unterstützung der Familie potenzielle Kosten für weitere intensive Interventionen oder institutionelle Betreuung vermieden. Anna und Frau Rein zeigen sich äußerst zufrieden mit der erhaltenen Unterstützung und den erzielten Fortschritten.

1.5. Zusammenhänge zwischen Struktur-, Prozess- und Ergebnisqualität

„Ausgehend von einer guten Strukturqualität lassen sich Prozesse herstellen, welche wiederum eine Voraussetzung sind, gute Ergebnisse zu erzielen." (Monzer 2013, S. 316)

Die Strukturqualität beeinflusst die Prozessqualität, da eine gut ausgestattete und qualifizierte Struktur die Umsetzung von effizienten und effektiven Prozessen ermöglicht. Die Prozessqualität wiederum beeinflusst die Ergebnisqualität, da die Art und Weise, wie die Versorgung erbracht wird, direkte Auswirkungen auf die Gesundheit und das Wohlbefinden des Patienten hat. Ein gut durchdachter und effektiver Prozess kann bessere Ergebnisse erzielen.

2. Aufgaben von Case Managern

Da die Aufgabenbereiche von Case Managern sehr vielfältig sind wird im Folgenden auf die verschiedenen Phasen eines Hilfeprozesses eingegangen und anhand dessen werden dann die verschiedenen Aufgaben erläutert.

2.1 Kontaktaufnahme und Intake

Gemäß Löcherbach, Mennemann & Hermsen (2009) startet der Case Management Zyklus bereits vor dem ersten Kontakt. In dieser Phase erfolgt die Weichenstellung, die den Prozess lenkt. Die (infra-) strukturelle Ebene zielt darauf ab, das neue Angebot und die Arbeitsweise bei anderen Fachleuten und der Zielgruppe bekannt zu machen.

Die Eingangsphase im Jugendamt, das sogenannte "Intake", beginnt nach einer grundlegenden Erörterung des Anliegens und dem Ausschluss von Kindeswohlgefährdung. Der Mitarbeiter des Jugendamts und der Klient klären, ob Case Management angebracht und gewünscht ist. Diese Phase bildet den entscheidenden Startpunkt für den weiteren Verlauf des Case Management Zyklus. (S. 41–42)

Die folgenden Anforderungen wurden von Löcherbach et al. (2009) festgelegt um den Zugang und Intake zu ermöglichen. „Bekanntheit des Angebots bzw. Dienstes; Kontakt, Kooperation mit Zuweisern; Flexibilität von Öffnungs- und Arbeitszeiten; Erreichbarkeit; Regeln zu Zuständigkeiten und Weiterverweisung; Sicherstellen zuverlässiger kurzfristiger Fallprüfung und Aufnahme; Situation erfassen und einschätzen (Screeningverfahren); Formalisierte Filmaufnahme (mit Schweigepflichtsentbindung); (schriftliche) Klienteninformation; Arbeit vor Ort, Lebensweltnähe; Lebenslagen- und kulturelle Kompetenz und Fallklassifikation (Um welche Art von Fall geht es?)" (S. 43)

Um die genannten Anforderungen erfüllen zu können ist eine klare Arbeitsverteilung (Organigramm), eine Organisationsstruktur, die aktive Pflege von Netzwerken sowie eine stetige Reflexion des eigenen Handelns unabdingbar.

Praxisbeispiel:

Die 16-jährige Schülerin Julia wird, gemeinsam mit ihrer Familie, vom örtlichen Jugendamt zum Intake-Gespräch eingeladen. Die Schule hat Bedenken geäußert, dass Julia Schwierigkeiten hat, sich zu integrieren, und dass ihre schulischen Leistungen abfallen. Zudem gab es einige Vorfälle, bei denen Julia aggressives Verhalten gegenüber Mitschülern gezeigt hat.

Das Gespräch wird von dem Case Manager Herr Zirn geleitet. Seine Aufgabe besteht darin die Verantwortung dafür zu übernehmen, dass die Situation von Julia erfasst und bewertet werden kann. Dafür arbeitet er eng mit den Eltern, Lehrern und Julia selbst zusammen. Während des Intake-Gesprächs führt Herr Zirn ein Screeningverfahren durch, um potenzielle Bedürfnisse und Risiken zu identifizieren. Hierfür setzt er seine Fachkenntnisse ein, damit er die Situation ganzheitlich erfassen kann und die Bedürfnisse von Julia und ihrer Familie verstehen kann. Außerdem führt Herr Zirn eine gründliche Bewertung durch, um festzustellen, ob Julia in einer akuten Gefährdungssituation ist. Falls erforderlich, ergreift er sofortige Maßnahmen, um ihre Sicherheit zu gewährleisten, und arbeitet eng mit anderen Fachkräften zusammen

Herr Zirn erklärt zu Beginn des Gesprächs den Zweck des Case Managements und stellt sicher, dass Julia und ihre Eltern gut informiert sind. Er klärt über ihre Rechte und

Pflichten auf und ermutigt sie, aktiv am Prozess teilzunehmen. Außerdem sorgt der Case Manager dafür, dass die Zugänglichkeit und Erreichbarkeit des Jugendamts gewährleistet sind. Er bietet flexiblen Arbeitszeiten an, um die Teilnahme von Julia, ihren Eltern und Lehrern zu erleichtern. Er arbeitet innerhalb eines klar definierten Organigramms und einer Organisationsstruktur, um effektiv zu koordinieren und Ressourcen zu nutzen. Er pflegt Netzwerke mit anderen Fachkräften und Diensten, um die bestmögliche Unterstützung für Julia und ihre Familie sicherzustellen. Nach dem Intake-Gespräch entscheidet Herr Zirn gemeinsam mit seinem Team im Jugendamt, dass ein Case Management für Julia angebracht ist.

2.2. Assessment

Um sicherzustellen, dass die erforderliche Unterstützung präzise geplant und effektiv umgesetzt wird, bedarf es einer gründlichen und systematischen Situations- und Bedarfsanalyse. Ziel ist es, ein umfassendes Bild zu gewinnen, dass biografische, psychologische, soziale und medizinische Aspekte einschließt. Hierbei wird besonders Wert auf das Verständnis der Funktion problematischer Verhaltensweisen, sowie auf die Berücksichtigung der Lebensgeschichte und Lebensperspektiven des Klienten gelegt. Die Einschätzung zielt darauf ab, nicht nur Herausforderungen zu identifizieren, sondern auch die individuellen Stärken, Fähigkeiten und Ressourcen des Klienten selbst oder seines Umfelds zu erfassen (Löcherbach et al., 2009, S. 44).

Anforderungen an das Assessment „Nutzung von Assessmentinstrumenten; Kommunikationskompetenz, Wertschätzende Haltung; Ressourcenorientierung; Motivationale Kompetenz; Bereitschaft zu systematischem Arbeiten; Flexible und ausreichende Zeitressourcen im Jugendamt ggf. mit Hausbesuch; Regeln und Strukturen des Informationsaustauschs im regionalen Hilfesystem; Anleitung und Controlling der Leistung" (Löcherbach et al., 2009, S. 45).

Praxisbeispiel:

Um eine präzise Planung und effektive Umsetzung der erforderlichen Unterstützung sicherzustellen arbeitet Herr Zirn eng mit Julia und ihrer Familie zusammen, um so eine gründliche und systematische Situations- und Bedarfsanalyse durchzuführen. Dabei liegt der Fokus darauf, ein umfassendes Bild von Julias Lebenssituation zu erhalten, das biografische, psychologische, soziale und medizinische Aspekte einschließt. Er nutzt seine Kommunikationsfähigkeiten, um eine vertrauensvolle Beziehung aufzubauen und ein unterstützendes Umfeld für das Gespräch zu schaffen. Mit einer wertschätzenden Haltung führt der Case Manager Gespräche mit der Familie um deren Lebensgeschichte, Lebensperspektiven sowie individuelle Stärken, Fähigkeiten und Ressourcen zu erfassen. Er legt besonderen Wert darauf, das Verständnis für die Funktion problematischer Verhaltensweisen zu vertiefen und dabei gleichzeitig die positiven Aspekte zu identifizieren. Der Case Manager nutzt geeignete Assessmentinstrumente, wie Selbstbewertungsfragebögen um die erforderlichen Informationen zu sammeln und zu analysieren. Er arbeitet ressourcenorientiert und motiviert Julia und ihre Familie, aktiv an der Einschätzung teilzunehmen und ihre eigenen Bedürfnisse und Ressourcen zu identifizieren.

Um die Anforderungen an das Assessment zu erfüllen, stellt der Case Manager sicher, dass ausreichende Zeitressourcen vorhanden sind, um die Einschätzung gründlich durchzuführen. Gegebenenfalls führt er Hausbesuche durch, um die Lebenssituation von Julia und ihrer Familie besser zu verstehen und mögliche Ressourcen im direkten Umfeld zu identifizieren. Außerdem arbeitet er innerhalb der Regeln und Strukturen des regionalen Hilfesystems und tauscht sich mit anderen Fachkräften und Diensten aus, um eine ganzheitliche Unterstützung für Julia sicherzustellen. Durch eine sorgfältige und systematische Durchführung des Assessments gewinnt der Case Manager ein fundiertes Verständnis für Julias Situation und kann darauf aufbauend einen maßgeschneiderten Unterstützungsplan entwickeln, der ihre individuellen Bedürfnisse und Ressourcen berücksichtigt

2.3. Zielvereinbarung und Serviceplanung

In diesem Schritt werden gemeinsame Ziele diskutiert und nach der SMART-Regel vereinbart. (Siehe 1.3. Prozessqualität). Neben den SMART Anforderungen gibt es in der Zielvereinbarung und Serviceplanung nach Löcherbach et al. (2009) noch folgende Anforderungen. „Nutzung von Planungsinstrumenten; Personen- und Zielorientierung; Motivationsstrategien; Wertschätzung und Respekt vor der Klientel; Sozialrechtliche Kenntnisse; Kenntnisse der regionalen Hilfen und Netzwerkstrukturen; Kooperationsvereinbarungen; Moderationsfähigkeit im Netz; Fall – bzw. Hilfeplanung; Ggf. gemeinsames Dokumentationssystem" (S. 47)

Praxisbeispiel

Herr Zirn führt die Familie durch den Schritt der Zielvereinbarung und Serviceplanung. Gemeinsam diskutieren sie die Ziele, die Julia erreichen möchte, und vereinbaren sie nach der SMART-Regel. Um die Ziele klar zu definieren und sicherzustellen, dass sie den Bedürfnissen und Wünschen von Julia und ihrer Familie entsprechen nutzt der Case Manager Planungsinstrumente, wie die Netzwerkkarte. „Die Netzwerkkarte ist eine Modifizierung des Sozialen Atoms. Dabei geht es darum, die Sozialen Atome beispielsweise bezüglich der Familie, Arbeit, Schule, Freizeitgruppe in einer einzigen Graphik darzustellen." (Stimmer, 2012, S. 100). Durch deren Verwendung können der Case Manager und die Familie effektiv navigieren und gemeinsam an der Stärkung und Nutzung des sozialen Kapitals von Julia arbeiten.

Der Prozess ist personen- und zielorientiert, wobei der Case Manager darauf abzielt, Julia und ihre Familie zu befähigen, ihre eigenen Ziele zu identifizieren und zu verfolgen. Er setzt Motivationsstrategien ein, um sie zu unterstützen und zu ermutigen, während er gleichzeitig Wertschätzung und Respekt für ihre Bedürfnisse und Entscheidungen zeigt. Außerdem verfügt er über fundierte Kenntnisse im Bereich des Sozialrechts und der regionalen Hilfen und Netzwerkstrukturen. Er nutzt dieses Wissen, um Julia und ihre Familie über ihre Rechte und die verfügbaren Unterstützungsmöglichkeiten zu informieren und sie bei der Navigation durch das Hilfesystem zu unterstützen.

Zusätzlich trifft Herr Zirn Kooperationsvereinbarungen mit anderen Fachkräften und Diensten, um sicherzustellen, dass die Unterstützung für Julia koordiniert und integriert ist. Er demonstriert Moderationsfähigkeit im Netzwerk, um effektive Kommunikation und Zusammenarbeit zwischen verschiedenen Partnern zu fördern.

Die Zielvereinbarung und Serviceplanung werden in Form eines Hilfeplans dokumentiert. Dieses Dokument dient als Leitfaden für die Umsetzung der vereinbarten Ziele und die laufende Überprüfung des Fortschritts. Durch die systematische und kooperative Herangehensweise in der Zielvereinbarung und Serviceplanung kann der Case Manager sicherstellen, dass Julia und ihre Familie die Unterstützung erhalten, die sie benötigen, um ihre Ziele zu erreichen und ihre Lebenssituation zu verbessern.

2.4. Durchführung und Linking

In dieser Phase erfolgt die Umsetzung der vereinbarten Maßnahmen durch den Casemanager. Dabei werden gezielt Verbindungen zwischen den Hilfesuchenden und informellen bzw. formellen Hilferessourcen hergestellt (Linking). Die Klienten werden aktiv im Prozess begleitet und bei der Inanspruchnahme der Hilfe unterstützt. Innerhalb des Jugendamts kann es vorkommen, dass das Case Management über die reinen Managementfunktionen hinausgeht. Es kann notwendig sein, dass ein Teil der benötigten Hilfeleistungen direkt durch das Case Management übernommen wird. Es ist zu berücksichtigen, dass neben den Managementaufgaben auch die Rolle als Berater in Bezug auf erzieherische Unterstützung eine bedeutende Funktion einnehmen kann. (Löcherbach et al. 2009, S. 45–46) Die Anforderungen an die Durchführung und das Linking sind „**Instrumentennutzung**; Kommunikationskompetenz; Transparenz; Verbindlichkeit; Verantwortung; Organisationstalent und flexible Arbeitsgestaltung; Kenntnisse des Versorgungssystems und Sozialrechts; (Informations-) Standards; Übernahme von Steuerungsfunktionen; Netzwerkarbeit (systembezogen); Dokumentation von Tätigkeiten, Absprachen, Informationen)" (Löcherbach et al. 2009, S. 49).

Praxisbeispiel

In dieser Phase arbeitet Herr Zirn aktiv daran Verbindungen zwischen Julia und den benötigten Hilferessourcen herzustellen. Dies kann informelle Ressourcen wie Freunde, Familie oder lokale Gemeinschaften sowie formelle Ressourcen wie Schulberater, Sozialarbeiter oder Gesundheitsdienste umfassen. Er begleitet Julia aktiv im Prozess und unterstützt sie bei der Inanspruchnahme der Hilfe.

Um die Anforderungen an die Durchführung und das Linking zu erfüllen, muss der Case Manager über eine Vielzahl von Fähigkeiten und Kompetenzen verfügen. Dazu gehören die effektive Nutzung von Instrumenten, starke Kommunikationsfähigkeiten, Transparenz in seinem Handeln, Verbindlichkeit gegenüber den Klienten, Verantwortungsbewusstsein, Organisationstalent und Flexibilität in der Arbeitsgestaltung. Darüber hinaus ist es wichtig, dass der Case Manager über fundierte Kenntnisse des Versorgungssystems und Sozialrechts verfügt, um die Bedürfnisse der Klienten angemessen zu adressieren. Er übernimmt die Steuerungsfunktionen, um sicherzustellen, dass die Hilfe effektiv koordiniert wird, und engagiert sich in der systembezogenen Netzwerkarbeit, um die Zusammenarbeit mit anderen Diensten und Fachkräften zu fördern. Die Dokumentation von Tätigkeiten, Absprachen und Informationen ist ebenfalls entscheidend, um die Transparenz und Nachvollziehbarkeit des Prozesses sicherzustellen und den Fortschritt zu verfolgen.

2.5. Monitoring und Re-Assessment

Im Monitoring des Case Managements ist es entscheidend, die vereinbarte Versorgung kontinuierlich zu überwachen, um sicherzustellen, dass die Klienten die vereinbarten

Hilfen in angemessenem Umfang erhalten. Dies beinhaltet die Überprüfung der Unterstützungsbedürfnisse der im Hilfeplan eingebundenen Institutionen. Ebenso ist zu überwachen, ob die Klienten ihre Vereinbarungen einhalten. Außerdem sollte das eigene Vorgehen, sowie Beteiligungs- und Vermittlungsentscheidungen kritisch überprüft werden. Im Verlauf des Monitorings erfolgt eine regelmäßige Neubewertung der Situation der Klienten, auch bekannt als Re-Assessment (Löcherbach et al. 2009, S. 50).

Mit der Definition der Rolle eines Casemanagers von Northoff (2012) lässt sich noch eine weitere Aufgabe hinzufügen. Diese beinhaltet Leistungen zu begrenzen und notfalls auch zu kürzen (S.106). Um diesen Punkten gerecht zu werden haben Monitoring und Re-Assessment folgende Anforderungen „Instrumentennutzung; Bereitschaft zu Management und Steuerung; Transparenz; Kommunikationskompetenz; Vereinbarung; Kooperationsstrukturen, Austauschforen im regionalen Hilfesystem/Netzwerk; Definierte Prozesse ; Strukturierte Fallreflexion; Effizienzorientierung; Gemeinsames Informationssystem/Informationsregeln im Netzwerk; Controlling durch die Leitung" (Löcherbach et al. 2009, S. 51).

Praxisbeispiel:

Herr Zirn übernimmt die Verantwortung für das Monitoring und das Re-Assessment, um sicherzustellen, dass die vereinbarten Hilfen angemessen sind und den Bedürfnissen der Klienten entsprechen. Er überwacht kontinuierlich die vereinbarte Versorgung, um sicherzustellen, dass Julia die vereinbarten Hilfen in angemessenem Umfang erhält. Dies umfasst die regelmäßige Überprüfung der Unterstützungsbedürfnisse der im Hilfeplan eingebundenen Institutionen sowie die Überwachung, ob die Klienten ihre Vereinbarungen einhalten. Des Weiteren reflektiert der Case Manager kritisch sein eigenes Vorgehen sowie Beteiligungs- und Vermittlungsentscheidungen.

Im Verlauf des Monitorings erfolgt auch eine regelmäßige Neubewertung der Situation der Klienten, bekannt als Re-Assessment. Dabei wird überprüft, ob sich die Bedürfnisse der Klienten geändert haben und ob die vereinbarten Maßnahmen noch angemessen sind. Falls erforderlich, werden neue Ziele und Maßnahmen festgelegt. Außerdem übernimmt Herr Zirn auch die Aufgabe, Leistungen zu begrenzen und notfalls zu kürzen, wenn dies im besten Interesse der Klienten liegt. Um diesen Anforderungen gerecht zu werden, muss der Case Manager über umfassende Instrumente verfügen und bereit sein, Management- und Steuerungsaufgaben zu übernehmen. Eine transparente Kommunikation und klare Vereinbarungen sind ebenfalls unerlässlich, ebenso wie definierte Prozesse und kooperative Strukturen im regionalen Hilfesystem und Netzwerk. Die Strukturierte Fallreflexion ermöglicht es dem Case Manager und seinem Team,

Erfahrungen zu teilen und voneinander zu lernen. Effizienzorientierung und Controlling durch die Leitung gewährleisten eine kontinuierliche Verbesserung und Qualitätssicherung des Case Managements. Ein gemeinsames Informationssystem und klare Informationsregeln im Netzwerk erleichtern den Informationsaustausch und die Zusammenarbeit zwischen den beteiligten Partnern.

2.6. Evaluation und Abschluss

Da die Zusammenarbeit mit den Klienten oft über einen längeren Zeitraum erfolgt, ist es wichtig, die Beendigung gezielt und sorgfältig zu initiieren. Die Beendigung wird in der Regel schriftlich festgehalten und ist das Ergebnis einer gemeinsamen Entscheidung von Fachkraft und Klientel.

Abschließend erfolgt eine detaillierte Ergebnisevaluation, die auf dem Hilfeplan, der Aktenführung sowie der Erhebung von Zufriedenheit bei Nutzern und Kooperationspartnern basiert. Dabei werden Veränderungsdimensionen zu Beginn und nach Abschluss des Case Managements, die Zielerreichung, Maßnahmen und Mitteleinsatz sowie gegebenenfalls Ursachen von Misserfolgen bewertet. (Löcherbach et al. 2009, S. 51–52)

„Evaluationskonzept zu fallbezogener und fallübergreifender Auswertung, Instrumentennutzung (Screeninginstrument, Assessmentinstrument, Hilfeplaninstrument, Monitoringinstrument, Evaluationsinstrument), Bewertungskriterien, Bereitschaft zu Transparenz; Controlling durch die Leitung" (Löcherbach et al. 2009, S. 52).

Praxisbeispiel:

Nachdem die Zusammenarbeit mit der Familie über einen längeren Zeitraum erfolgt ist, wird die Beendigung gezielt und sorgfältig eingeleitet. Die Beendigung wird in der Regel schriftlich festgehalten und ist das Ergebnis einer gemeinsamen Entscheidung von Fachkraft und Klientel. Im Fall von Julia bedeutet dies, dass Herr Zirn gemeinsam mit ihr und ihrer Familie die Beendigung der Zusammenarbeit bespricht und dokumentiert. Dies erfolgt in einer respektvollen und einfühlsamen Art und Weise, wobei die erzielten Fortschritte und erreichten Ziele gewürdigt werden. Abschließend erfolgt eine detaillierte Ergebnisevaluation, die auf dem Hilfeplan, der Aktenführung sowie der Erhebung von Zufriedenheit bei Nutzern und Kooperationspartnern basiert. Der Case Manager bewertet Veränderungsdimensionen zu Beginn und nach Abschluss des Case

Managements, die Zielerreichung, Maßnahmen und Mitteleinsatz sowie gegebenenfalls Ursachen von Misserfolgen. Hierfür wird ein Konzept zur fallbezogenen und fallübergreifenden Auswertung wird erstellt, dass die Ziele und Methoden der Evaluation festlegt. Es werden klare Kriterien festgelegt, anhand derer die Ergebnisse bewertet werden können, um eine objektive und transparente Evaluation zu gewährleisten. Die Ergebnisse der Evaluation werden transparent kommuniziert, sowohl innerhalb des Teams als auch gegenüber den Klienten und anderen beteiligten Partnern. Auch die Familie wird aktiv in diesen Prozess mit eingebunden und evaluiert die Hilfe. Für die interne Evaluierung übernimmt die Leitung das Controlling, um sicherzustellen, dass die Evaluation professionell durchgeführt wird und die Ergebnisse zur kontinuierlichen Verbesserung des Case Managements genutzt werden. Durch eine sorgfältige Evaluation und Abschlussphase kann der Case Manager sicherstellen, dass die geleistete Arbeit angemessen bewertet wird und die Klienten die bestmögliche Unterstützung erhalten haben.

3. Neoliberalismus und Casemanagement

Neoliberalismus ist eine wirtschaftspolitische Ideologie, die die freie Marktwirtschaft als effizienteste und gerechteste Form der wirtschaftlichen Organisation betont. Kernprinzipien umfassen den Glauben an einen freien Markt ohne staatliche Einmischung, einen minimalen Staat, die Deregulierung von Industrien, die Privatisierung staatlichen Eigentums und eine restriktive Fiskalpolitik. Diese Ideen, die seit den 1970er Jahren weltweit Verbreitung fanden, sollen Wettbewerb und Effizienz fördern. Kritiker argumentieren, dass Neoliberalismus soziale Ungleichheit verschärft und staatliche Dienstleistungen schwächt, während Befürworter behaupten, dass Wohlstand gefördert und individuelles Unternehmertum unterstützt wird (Bundeszentrale für politische Bildung, 2016)

Northoff (2012) sieht im Casemanagement die Schnittstelle zwischen den gesetzlichen Vorgaben und dem persönlichen Bedarf. Es bricht das Gesetz herunter auf den Einzelfall und individualisiert seine Klienten (S.105)

3.1. Casemanagement im Wandel

Mit dem Einzug des Sozialmanagements als einer zusätzlichen Facette in der Sozialen Arbeit in den mittleren 80er Jahren begann nicht nur das Zeitalter der Ökonomisierung in diesem Bereich, sondern es kam auch zu einer regelrechten Flut von neuen Begrifflichkeiten, Methoden, Techniken und Konzepten, die auf die Soziale Arbeit einwirkten und ihre Dynamik maßgeblich veränderten. Diese Entwicklung führte zu einer erheblichen Diversifizierung und Erweiterung des professionellen Vokabulars, wobei eine Vielzahl von neuen Ansätzen und Strategien zur Verfügung stand, um den vielschichtigen Anforderungen und Herausforderungen in der Sozialen Arbeit gerecht zu werden. Die Integration des Sozialmanagements brachte nicht nur eine verstärkte Betonung ökonomischer Aspekte mit sich, sondern initiierte auch eine grundlegende Neuausrichtung in dem Bezug auf die Arbeitsmethoden und theoretischen Grundlagen der Sozialen Arbeit. Dieser Wechsel führte dazu, dass die Profession vermehrt auf effektive Organisationsstrukturen, effiziente Ressourcennutzung und strategische Planung setzte, um ihre Ziele erfolgreich zu erreichen (Fürst, 2008, S. 57).

Im Zuge dieser Veränderungen entwickelte Soziale Arbeit eine breite Palette an adaptiven Ansätzen, die sich auf verschiedene Kontexte und Bedürfnisse anwenden ließen. Neue Fachrichtungen, praxisorientierte Modelle und innovative Herangehensweisen wurden eingeführt, um den stetig wachsenden Anforderungen an die Soziale Arbeit gerecht zu werden und gleichzeitig den ständigen Fortschritt und die Anpassungsfähigkeit der Profession zu gewährleisten. In diesem komplexen Gefüge von neuen Konzepten und Methoden erschloss sich für die Soziale Arbeit eine erweiterte Bandbreite an Handlungsmöglichkeiten, die es ermöglichten, flexibel auf die sich wandelnden gesellschaftlichen und individuellen Bedürfnisse einzugehen (Fürst, 2008, S. 58).

So hat auch das Casemanagement hier seinen Ursprung. Fürst (2008) steht dieser Entwicklung eher kritisch gegenüber. Er ist der Meinung „[...] Case Management steht nach sorgfältiger Diagnose des aktuellen Ist-Zustandes unter »dringendem Tatverdacht«, als ein Diener dieser neuen neoliberalen Programmatik zu fungieren oder zumindest als solcher missbraucht zu werden." (S.56)

3.2. Casemanagement im Neoliberalismus

Seit den ersten Diskussionen in Deutschland über das Case Management in den 1990er-Jahren wird dieser Ansatz als äußerst wirksam und effizient betrachtet. Dieses Merkmal bildete ein zentrales Argument der Befürworter während der Gespräche über die Einführung des Case Managements. Weitere Vorteile bestehen darin, dass durch eine sinnvolle Strukturierung von Hilfsprozessen effektive Unterstützungsdienstleistungen selbst in Zeiten knapper öffentlicher Ressourcen erbracht werden konnten. Auf der anderen Seite schien die Annahme über die Effektivität und Effizienz den Kritikern und Skeptikern bereits den Beweis zu liefern, dass Case Management ein Instrument des Neoliberalismus und der Ökonomisierung der Sozialen Arbeit darstellte. Diese fortwährende Kontroverse führte dazu, dass die empirische Überprüfung der Frage, ob Case Management tatsächlich effektiv und effizient ist, vorerst in den Hintergrund trat. Trotz mehr als 20 Jahren und zahlreichen abgeschlossenen Forschungsprojekten bleibt festzustellen, dass die Frage nach der Effektivität und Effizienz des Case Managements weiterhin nicht eindeutig geklärt ist (Schmid, 2018, S. 340–341).

Auch Kleve (2006) sieht Soziale Arbeit, angesichts der Entwicklung einer neuen Sozialstaatlichkeit, vor einem politisch und ökonomisch verursachten Veränderungsdruck. Dies führt zu einem Transformationsprozess der Sozialen Arbeit, denn als sozialstaatliche Profession ist sie vom neo-liberalen Mainstream unmittelbar betroffen und soll helfen, dementsprechende Normen in die Gesellschaft zu implementieren. Kleve betont, dass dieser Wandel zu viel Unmut und ambivalenten Meinungen innerhalb der Sozialen Arbeit führt. Zum einen sorgt der Umschwung für einen schleichenden Abbau der sozialstaatlichen Leistungen, zum anderen bringt er auch neue Herausforderungen mit die sich positiv auf das Arbeitsfeld auswirken können. Dadurch rückt der Gedanke Hilfe zur Selbsthilfe zu leisten wieder in den Vordergrund und Bürger werden befähigt ihr Leben (wieder) in Eigenregie zu meistern (Kleve, 2006, S. 16).

Es gibt Hinweise darauf, dass Case Management im Vergleich zu weniger strukturierten Ansätzen möglicherweise wirksamer ist, jedoch variiert diese Wirksamkeit je nach Setting, Case-Management-Modell und Erfolgskriterium. Die Unterschiede in der Wirksamkeit zeigen sich eher schwach bis moderat. Bezüglich der Effizienz ist die Datenlage noch uneinheitlicher, da viele Studien keine Kosteninformationen liefern und andere nur geringfügige Kostenvorteile aufzeigen. Methodische Probleme beeinträchtigen die Aussagekraft der Untersuchungen, darunter unterschiedliche Modelle, Umsetzungsgrade, Anwendungsbereiche, Vergleichbarkeitsprobleme und komplexe Wirkungsketten. Aussagekräftige Kosten-Nutzen-Analysen fehlen, und es mangelt an Studien in Deutschland mit (randomisierten) Kontrollgruppendesigns. Jedoch gibt es, im Vergleich zu anderen Ansätzen in der Sozialen Arbeit, umfangreiche Forschungsergebnisse die eine begrenzte Wirksamkeit belegen. In diesem Kontext wird **die Notwendigkeit eines eher „postheroischen" Case Managements betont, das** nicht automatisch von Effektivitäts-, Effizienz- und Rationalitätsvorsprüngen ausgeht und die dahinterstehenden Mythen überwindet (Schmid, 2018, S. 340–341).

Wenn man Case Management als einen empirisch gestützten Versuch betrachtet, komplexe psychosoziale Unterstützungsprozesse durch ein rationales Verfahren zu steuern, könnte der Mythos verschwinden, der besagt, dass Case Management hauptsächlich ein Instrument neoliberaler Ökonomisierung der Sozialen Arbeit ist. Diese Neubewertung könnte eine zweite Chance bieten, Case Management angemessen in der Sozialen Arbeit zu implementieren und durch unterschiedliche Forschungsdesigns, die nicht nur Effektivität und Effizienz untersuchen, zu einem allgemeinen Informationsbestand in der Sozialen Arbeit beizutragen (Schmid, 2018, S. 346).

Literaturverzeichnis

Bruhn, M. (2020). *Qualitätsmanagement für Dienstleistungen. Handbuch für ein erfolgreiches Qualitätsmanagement. Grundlagen - Konzepte - Methoden* (12.Aufl.). Berlin, Heidelberg: Springer Berlin / Heidelberg.

Bundeszentrale für politische Bildung (2016). *Duden Wirtschaft von A bis Z: Neoliberalismus. Grundlagenwissen für Schule und Studium, Beruf und Alltag.* Zugriff am 10.11.2023. Verfügbar unter https://www.bpb.de/kurz-knapp/lexika/lexikon-der-wirtschaft/20176/neoliberalismus/

Dr. Krisch, M. & Prof. Dr. Voigt, D. (2022). *Case Management – Grundlagen* (3. Aufl.). Studienbrief der SRH Fernhochschule, Riedlingen

Egger, R. (2008). Biografie und Lebenswelt. In J. Bakic & M. Diebäcker & E. Hammer (Hrsg.), *Aktuelle Leitbegriffe der Sozialen Arbeit Ein kritisches Handbuch* (S. 40-55). Wien: Erhard Löcker GesmbH.

Fürst, R. (2008). Case Management und Clearing. In J. Bakic & M. Diebäcker & E. Hammer (Hrsg.), *Aktuelle Leitbegriffe der Sozialen Arbeit Ein kritisches Handbuch* (S. 56 - 69). Wien: Erhard Löcker GesmbH.

Geiger, W. (2013). *Beschaffenheitsmanagement. Als einzige Methode zum einfachen und wirtschaftlichen Gestalten des einen Managementsystems einer Organisation* (1. Aufl.). München: De Gruyter

Klein, M. & Mennemann, H. (2023). *Case Management in der Betrieblichen Sozialen Arbeit. Ein Praxisbuch.* (1. Aufl.). Weinheim: Juventa Verlag

Kleve, H. (2006). Systemisches Case Management. Eine effektive und effiziente Methode lebensweltlich und sozialräumlich orientierter Fallarbeit. In: *Sozialarbeit in Österreich - Zeitschrift für Soziale Arbeit, Bildung und Politik* (1/06), S. 14–16.

Löcherbach, P, Mennemann H. & Hermsen, T. (Hrsg.) (2009). *Case Management in der Jugendhilfe* (1.Aufl.). München, Basel: Ernst Reinhardt Verlag

Monzer, M. (2013). *Case Management - Grundlagen.* (1. Aufl.). Heidelberg: medhochzwei-Verlag

Northoff, R. (2012). *Methodisches Arbeiten und therapeutisches Intervenieren Eine Einführung in die Bewältigung sozialer Aufgabenstellungen* (1.Aufl.). Weinheim, Basel: Beltz Juventa

Reibnitz, C. (2009). Monitoring und Evaluation. In Reibnitz, C. (Hrsg.) *Case Management: praktisch und effizient.* Berlin, Heidelberg: Springer Berlin Heidelberg.

Schmid, M. (2018). Wie effektiv und effizient ist Case Management? Ein kurzer, selektiver Überblick zum Forschungsstand. In: *Sozialarbeiterisches Case Management* 67, S. 340–347.

Stimmer, F. (2012). *Grundlagen des methodischen Handelns in der Sozialen Arbeit* (3.Aufl.). Stuttgart: Kohlhammer.